달의 새끼여서 눈이 시리다

이덕수 시집

시와사람

국립중앙도서관 출판시도서목록(CIP)

달의 새끼여서 눈이 시리다 : 이덕수 시집 / 지은이: 이덕수
. -- 광주 : 시와사람, 2014
p. ; cm. -- (시와사람 서정시선 ; 038)

ISBN 978-89-5665-409-6 03810 : ₩10000

한국 현대시[韓國現代詩]

811.7-KDC5
895.715-DDC21 CIP2014030605

달의 새끼여서 눈이 시리다

■ 시인의 말

시인이기를 버린 지 오래였으나
그럼에도 사랑하는 꽃에게 꽃말을
들려주기에 숨이 벅찼다
내 시집은 또 배가 고플 텐데
다시 속죄할 뿐이다

2014년 10월
이덕수

차례

2

3

1

슬픈 낱말의 부화

그녀가 함께 죽자했다
사랑하는 욕망과
사랑하는 이별
사랑하는 시인의 껍데기
사랑하는 복자를 두고
기억되기 전에 떠나는 세월을
단연코 끝내자했다

시집 책갈피에 펼쳐 놓은
슬픈 낱말 기웃거리는 미친 봄날에
산벚꽃이 창백한 얼굴로 다가 와
양지꽃 무덤을 만들자 했다
그래 훗날, 너에 장소가 기억되는
허공에 비석을 세우겠으니

빼꾸기는 오후가 고단하다
후드득 날아가는
암흑한 정경을 뒤로 하여
그림자 한 장

넘기고 나면 목구멍이 뜨거워져
함부로 삼킬 수 없는
비석에 새겨진
슬픈 낱말의 번역을
무덤 속 사다리 타오르는 부화를
먼 날에 그녀, 알까 몰라.

자귀꽃이 되고 싶다

너에게 만은 솔직해지고 싶어
내 맘을 몇 번이고 씻어내
맺힌 것 풀어내겠지만
이승의 팔베개는
풀지 않겠다.

너에게 만은 시린 눈물이고 싶어
가을 귀뚜라미 울음 밟아
네 등걸이 적시던 나주호
그 하얀 달빛 호수
얕게 걷어 내어 밤새 들어마셨지

아픈 눈물
빗물이 된 눈물
이슬이 된 자귀꽃
부엉이의 뜬 눈 갚음으로
손톱만큼이라도
네게 다가가
네 얼굴의

눈, 코, 귀, 입이 되고

너에게 만은
바위고개를 혼자 넘다가
눈물 보여 주고 싶어 외발 절며
바위고개를 업고 가던 바위 속으로 들어가든
끝내는 하얀 뼈로 거슬러 올라 살 찌르는 배 흘려 내리고
무덤 속 너의 주인을 찾아
자귀꽃 되고 싶은 작정을
사뭇 분질러버리겠다

빗소리에 부서지다

창문을 여는
빗소리를 따라 나섰다
배꽃잎 휘날리는 천둥길
낮게 그리고 하얗게, 하얗게
들개의 지친 털도 뿌리며
깨진 달빛으로 하얗게 웃는
희뿌연 여자들 하얀 몸 들어 내놓고
후미진 배꼽 구멍으로 차고 넘치는 맑은 슬픔
아픈 耳鳴 후비고 먼 길 되돌아오는 行者

너를 위해
편의점 하나 사들여
생생한 빗방울
다발다발 묶어 팔아 주마

안녕하던 못하던
밤 모퉁이에서 서성이는
비의 짓꺼리를 나무랄 수는 없어서
가로등에 목을 맨 나비에게

날개 풀어주는 괜한 짓으로
울컥 이다가
비의 방울에 젖어 갔다는
소리 없이 떠내려갔다는
임자 없는 날개들

너에게 복받쳐
혀에서 아무도 모르게
부서지는 날개들
은밀하게 빗소리 열어보는

비 내리면 날 생각하는 걸 안다

비 내리는 날이면
비가를 부르는
그대 얼굴 보였다
시멘트벽을 뚫고
빗방울 물어 나르는
긴다리거미의 수척한 신음 들리고
비의 호수에 걸터앉은 빗방울은 내 엉치뼈의 절반

비가 쌓여지는 밤
그대 잠든 머리맡에 심어 놓은 수련꽃을
내 생각이 아니라 누군가의 고집으로 뽑혀지고 있다니
수련은 내게도 그렇지만 너에 간절한 맥박인 것을
나는 단호하게 뿌리를 옮겨 줄 것이다

유리창을 붙잡고 있는 수없는 눈동자들
겨울산수유처럼 매달려 있었고
유독 네 눈동자에는 배냇둥지 깔아 앉은
한지 눈물 달린
새끼 곰 두 마리가 보였다

시들하면 비에 목매는 날이지
시인에게는 시의 사혈이 흐르듯
비의 혈관을 타고 내리는
살아서 다시 밟을 수 없는 것들을
비에 식어 가는 불꽃이라 하자

입술에 고인 쓸쓸한 말에
지그시 눌러 죽어가는 폐차장의 자동차처럼
그런 자정시간 비 내리는 날, 너는
날 생각하고 또 생각하는 걸
내가 안다

처음 네 살을 만지는 것 같이

강 건너 살던
낯 모르는 얼굴이
언듯 건너 와 이리도
그리운 동행이 될 줄 몰랐다
나는 먼발치에서 날아오르는 숫개미의
두근거리는 비행이었다

그날은 마침
창문이 열려
커텐 행간에 새가 詩語 한 줄을
길게 끄집어 가고 있는 게 보였다
낱말의 처음과 끝으로 이어지는
네가 태어난 풍습까지도

돌아오는 길에
목이 마르면 석양빛을 삼키고
밀재 너머 폐교에서
산비둘기 울음 익는 줄도 모르고
너에 이름을 기다렸다

절반의 고향이
너의 젖무덤 아래
숨겨져 있는 줄은 몰랐지
반쪽의 敍情
저리게 다가오는 어스름한 사랑불처럼
바다를 만드는 달의 차디찬 물방울 적시 듯
내 몸 언저리를 치며 얼굴을 간지럽히는데

밤 거미의 숨소리조차
온전히 내 것처럼
세상에 모든 것을 가진 것처럼
처음 네 살을 만지는 같이 꽉 찬 시간
한 몸 달려오는 느낌을
어찌나 간절하게 기다렸는지
그날 이후 나는 날개 없는 새가 되었다
주둥이만 남은 새

나비의 심장

여자는 사랑한단 말을
수천 번 곱씹은 뒤에
당신은 세상에서 제일 좋은 사람이라 했다
편백나무 아래서 나비의 심장을 꺼내 주며
노란 손수건에 담아 곱게 간직하라 했었지

그래, 나비 심장이 하나
나의 심장 하나
두 개였다

나비의 까만 젖으로 태어난 너는
영혼 이래 덜컥도 없이
심장을 내어 주고는
외롭다는 진실을 닦아 내려 했지만
지울 수 없는 꿈, 동침, 영원이란 말들
나와 관련 된 것은 아무것도 없다
어쩔 수 없다는
너의 말을 믿겠다

슬프지만
너의 생각조차 하얗게 바랬을 때
멀고도 가까운 나비의 손을 잡고 날아가는
긴 잠의 이별하는 시간

너의 품, 웅크리고 있는 작은 나비들이
나를 닮지 않았다 해도
두 개의 심장은 지난밤도
네게 매달린 유난스런 밤샘 신음으로
가슴팍을 들쑤시고 깨어나겠지

내 것 이어도 내 것 아닌

가끔은
멀리 떨어져 있는
네 몸의 외로운 풍경이
아픈 숨골로 한꺼번에 들어 왔다가는
일순에 빠져 나갈 때가 있다

너는 분신 곁에 머물며
함께 잠들고
알람에 깨어
수저를 차리는
가까운 두 손 일 테지만

당신의 풍경이 그립겠으나
어쩔 수 없는 현상이라고 말했지
그래, 어쩔 수 없는 먼 손길
지나가는 후투티의 날개바람으로
어쩌다 마셔버린 공기 같은 것
그런 날은
불면도 죄여서

쓸쓸해지는 헛바람의 날들

뒷날 너에 소리가 스스로
내 몸에서 빠져 나가는 걸
두 눈으로 볼 수 있다면
부지할 수 있는 한때나마
나를 읽으며 네 손길에
슬픔을 완곡하게 섞어 반죽으로 삼켜버리는 것이
가까운 손길이라 믿겠으나 너는 그 조차도 아닐 테지

사랑이라는 것
가까운 손길에서 잠들어
검은 오디, 더욱 새까맣게
가늘게, 세밀하게 숨이 막혀도 좋을
짓으깨어, 즙 만들어 내는 것

내 것이어도 내 것 아닌 것처럼

비오는 날의 문장

자고 나면
보이지 않는
너에게 투명하지 못했다
너는 잠들기 전
겨울 손으로 내 목을 감싸더니
얼음자국만 선명하게 남기고
그런 듯이 돌아갔구나.
첫 문장의 시작은
아침 밥상부터 차려지겠지
구운 생선 아가리에게
고개를 숙이고 머리를 찌르는 문장의 젓가락

나는 어느 여름날의 간지러운 넝쿨 이여서
기억이 하나씩 떨어 질 때마다
흔적도 없이 사라진 문장의 독으로
서서히 죽어 갈 터인데
비는 내렸으나 이슬비가
내 몸을 빠져나감이라고 썼단다

빗소리 때문 책의 글씨들
갈갈이 찢어지고 비밀은 들쳐 나오는데
문장은 준비가 되어 있지 않아 침묵했다
페이지를 지우고 종이를 지워버린
그런 너를 문장이라 할 수 있을까
빗물이 지나간 자리가 말하길
바다가 밀려오는 의심의 문장 이라했다
글을 만드는 겨울 손은 그랬다

아직껏 쓰지 못한 슬픈 상실에 대하여
나에 문장은 소소한 글썽거림으로
비에 젖어 떠나 갈 것처럼
이후에는 기록될 것이지만
너는 사랑이란 그런 것이라고
나를 덜어내는 게 유일한 사랑이라고
기록하겠지

몹시 그런 날, 고향

내 품 안에
빗소리 들을 줄 아는 고양이를 키웠다
고양이는 노래를 부를 줄 안다
비오는 날의 올드 팝이 좋아요
고양이인 척해도 속은 미련 곰탱이 거든요

장마 통에
책장 속에 잠긴 눈이 스러지는
그런 날, 창가에 울던 새가
두서없이 날아 와
고양이 밥을 쪼아 먹는 날이면
내 맘이 아프다

밤으로 탈출하여 밤으로 부활하는
낯설은 타인을 안고 잠드는
네게 무슨 말을 가르쳐줄까
야옹아 누가 예쁘냐.

땅의 울타리를 차오른

흥건한 빗물에 잠을 깬 새벽
게으른 불면은 아직 깨어나지도 않는데
컥컥 늑골 풀어 빗길에
처박힌 그런 날
사랑하는 고양이에게 부탁했다
고양이여
뒷골목 시궁창의 쥐구멍에 빠진
만신창이를 핥아 줄 것인가
그래, 그 빗물 정수기물맛이군

고양이가 남긴 서곡은
늘 우울했으나
오랜 사육은 끝날 것이다
하루를 건지기 전
눈물 막 돌기 시작할 무렵
고양이가 송도 앞바다를 데려 왔다
소금물로 눈물 선을 긋는
몹시 그런 날, 고향

오! 호텔 캘리포니아

7월의 낙타

산까치가 운다고 산이 울었다
우는 산에 성난 가시나무를
낙타는 혀로 핥았다
햇살을 사냥하는 사냥꾼
목 타오르듯이

지평선 너머
지도에 골몰하는 낙타
한 마리… 일곱 마리
신포도 익는
저 산허리 쯤
지친 구름에게 쉬어 가리

여름 꽃 숫컷들 냄새
질펀하게 흘러
내 손 바닥만한 그늘
핥아가며 밀애, 은밀하지만 썩어가는 것들

중천에 멀거니 서있던 해는

낙타의 등에 내려 앉았다
사냥꾼은 달아올라 달의 하늘로 올라갔으나
달은 더욱 멀어지고 검은 욕망이 손을 내밀었다
7월의 낙타는 그랬다

낙타는 7월을 배신할 것이라 믿는다
언젠가 오래 살아 본 것처럼
한낮의 깊은 사색에 빠졌으나 그것은
여름의 존재에 대한 속임수였다

생일의 빨간 동그라미 안에는
그녀가 신호등처럼 달력에서 비켜 서 있다
맨드라미가 빨간 경적을 울린다
낙타들의 눈썹에 진눈개비가 날렸지만
7월의 예감은 늘 변덕스러워 아무것도 예측할 수 없다

다만, 내일은 예외다

거기까지였다

언젠가 길을 가다 술에 취한 선배가
뿔과 발톱으로 전봇대를 들이 받는걸 본 적 있다
그 참혹한 정경을 나만 본 것은 아닌지
조직에서는 그 선배의 뿔과 허물어져가는
심장을 겨냥하기 시작했다
활은 날카롭기도 하고 간신들의 난도질도 우악스러웠다
힘없는 직원들한테 술자리에서 양주를 착취한다는
소문은 일거에 목을 매달았고 서너 달 후에는
한직으로 내쳐졌다
딱, 거기까지였다
양주는커녕 선배는 사랑하는 아내를 하늘로 보내고 나서
사무치게 아내의 언어들이 쓸쓸해서 불망의
보자기를 뒤집어쓰고 아내가 떠난 경계를 허물어
하마 흐물흐물 녹아내린 오장육부 들어내고
삼키지 못하는 고량주에 소주를 섞어 마실 뿐
어떤 믿음도 없이, 진부한 말도 없이
애간장 녹아버린 수작을 했을 뿐이었는데
수수알갱이 삭인 술에게 대리 사랑을 걸었다는데
딱, 거기까지였다

내 사랑도 거기까지였을까.
현생의 슬하를 거느리지 못하여 붉은 핏발이 선 목덜미,
저려 오는 애증의 상처는 썩어 문드러지고
독가시들은 부패를 부추기는데
새살은 차기 전에 거기까지라고 할 것인가
그래도 비는 내릴 테고
술 병속 술은 기억의 암시를
부글부글 끓어 올리는 동안에도
선배는 미끄러진 자리에서
더는 험한 꼴 맞닥뜨리지 못하고
술독에 빠져 허우적이다 아내의 손짓에 이끌려 억겁의
단호한 문턱을 넘어갔다
딱, 거기까지였다
내게서 서성이든 긴 꼬리별 하나
문득 관성의 힘으로 긴 선을 그으며
내 안의 죽은 상처에
블랙홀을 만드는 동안에도
나는 잎을 피워 너를 그리워했으니
타인이어서 너에 꽃을 만질 수 없는

깊은 크레바스, 간극의 破字

그렇게 한 몸을 비껴가고 단호히 넘지 못하는
저 선 하나에,
숨통 매달지 못한 사랑이었는데
우울한 겨울외투 속
밤톨 같은 내 그리움도
딱, 거기까지였다

실명한 목련꽃

우두커니
그늘 당기는
실명한 눈물방울
깊은 잠 속으로 떨어지는
아득한 크레바스
아무렴
눈도 달린 것 없이
신열에 타 올라
차라리 죽어 버릴 걸

그런 날도 있었지

너는 언젠가
내게 잠들면 죽을 것 같다며
간절한 꿈을 털어 소금 빛에
말린다고 하였지

두 개의 발가락으로
밤안개를 질질 끌며 자정이 넘었다고
히죽거리는 밤꽃 아래서 만났지
보를 넘치는 꽃들의
모진 시선을 뒤통수로 느끼며
수국꽃처럼 살자며
달빛을 적셔 입에 넣어
열 손가락이 되겠다는 너는
심장의 단추를 끌렀지만
너에 눈부신 살이 거부했지

절산 그늘에
주저앉은 건너 산간
너에 집 창문이 열려 있기에

애써 피했으므로
너는 눈물 한 무덤 뿌리며 주저앉아
수국꽃 미소를 풀고 꽃무덤이 되었지

그런 날도 있었지

한 뼘 바다

군남면 포천리에는
시를 좋아하는 바다소라게의 일상을 위하여
갈대의 순정을 노래하는 무당벌레에 대하여
한 뼘의 서해바다가 맴돌고 있었다

그들의 뜨거운 힘줄이 뒤엉켜
바다 물속에 가라앉을 때까지도
갈대는 밤낮으로 사내얼굴을 보듬고 울었다는 것이어서
바다의 목을 트는 득음을 위하여 날카로운 울음의 칼이
둥둥 떠돌았다는 후문이 들렸으나
여자의 발길이 끊어진 뒤 흐느끼기만 한다는 갈대는
칼을 데리고 큰 바다로 떠 나갔다는 사실로
가슴 한 구멍 뚫린 채 오랜 동안 마음의 산맥을 허물었다

여자가 떠나고
갈대가 떠나 버린
바다의 삶이 얼마나 쓸쓸할까
제 곁에서 뜨거운 힘줄의 갈래들이
얼마나 몸부림 쳤는지 모르겠으나 거미줄 같은

울음 결로 바다는 겨우겨우 여자를 기다리며
울었으나 바람이 훔쳐 갔다

갈대의 기울어진 자리와 울음자리만 남은
한 뼘의 바다, 더는 살아 갈 일이 없다

맨드라미 입술

내 곁에 있으면
바람이 스쳐만 가도
짜증난다며 미간을 좁히던 너는
실은 속이 깊은 사랑의 치명적
신음이라는 걸 알아보지 못했다.

청바지를 입고 코스모스처럼 하늘거려도
붉은 입술이 말을 할 때면
나는 불안 했다.
잠들지 못하는 사랑을 한다는 게
죽도록 섭섭할 것 같은
예감인 게 탈이었지만

개소리도 못하고 난감할 터인데
말로 짜증이란 말꼬리를 자르고
두 눈이 멀어도 잘 보인다는 사랑을
나는 애써 돌아보지 않았다.
멀거니 쳐다보면 나에 대한 말들
활자들 겨드랑이에서

뛰쳐나오는 뒤바람 따라
눈물 한 토막 드러난
설명할 수 없는
짜증나 말 한 마디에
가여운 희열이 돋는 지를
나도 모를 일이다

먼 날의 안개가 울 때

혼자여서
제 집 벽장 속에서
칭얼대는 잠을 매달고 살았다지
저문 저녁 초롱꽃 속에 들어 앉아
별을 헤다보면 여린 마음은 도망가고
가을기러기 옷고름 물고 가는 것처럼
제 목을 물고 살았다지

눈꽃 피는 날에
토끼가
너를 잡았다는
설국 전설이
반짝이는 꿈만 같아서
그 말을 들어보고
다시 들여다보고
행여 험담에 젖게 하고 싶지 않아
들을 수 있는 귀와 입은 꼭 닫아 버렸다

멀리 걸어오는 너의 어머니는 견고했다

회고하며 살아온 날들이 뛰어 넘기에는
서로 껴안고 아무는 벽, 굳은 붉은 벽돌 속에서
눈을 반짝이며 나를 우두커니 쳐다 볼 때 마다
옹이 같은 게 찔려서
가슴을 쓸어내릴 때가 많았다
먼 날의 안개도 울 수
있다는 사실만으로
너의 평생은 울음의 전부인 것을
뒤늦게 알았다

미안하다.

네 살이 내 것일 때

나는 네 살이
내 것 일 때
네게 다시 태어나
산호의 가장자리를 벗어나면
스스로 죽어지는 나비고기였다

내 몸에 셀 수 없이 많은 통증으로
네게 다가 갈 수 없이 누워 있던 아픈 시간들
숨쉬기조차 힘들다며 문자를 보낸 너는
사랑은 내 안에 있지 않다고 했다
당신, 잠을 깨세요.
사랑에 배고픈 아기가 울고 있어요.
문자가 쓸쓸하게 한참을 흔들었다
그로 인하여 나는 아기에게
걸어 갈 수 있다 믿었다.

살을 찌르는 삶이
내 살 속에
태어난 모든 풍경에 대하여

짖지 않으려 애쓰는 걸
알는지 몰라
생 아프게 물었지, 내가 누구냐고

당신은 지나가는 타인이군요
혹, 건너 세탁소 집 아저씨 아닌가요?

나를 지켜 준
상처가 거룩해서
네 살을 버릴 수는 없었으나
오늘도 너는 둥지에서
태생의 슬픔을 자글자글
뺵고 있을 자투리 같은 시간에
모란이년이 짖지나 않는지
궁금했다

내게 처음 같은 달

어느 날 참으로
아무것도 없는 생각으로
미소의 끝을 따라 갔다
당나귀 곁에 미소를 멈추지 않는
배려 깊은 산쵸에게 비로소 나에 생각을 맡기기로 했다
산쵸에게 1센티의 키를 키우기 위해
저녁이면 노래를 불러줬다
한 품 안의 몸살 같은
둘만의 비밀이다

위통으로 내달리던 너덜거리는 시간
판쵸는 카페에서 외로운 문자를 보냈다
사랑은 우주 어느 곳에든 존재 하는 가요
판쵸는 질문을 반복했다
사고의 숱한 말과 이별하고 죽는다는
별과 별들의 이야기가 궁금했나 보다

호기심 많은 판쵸야
너는 이다지도 나의 실패한 불면의

꿈속마저 가위에 눌리게 하는 걸까

머물러 있는 것은 아무리 없는 지금,
한 세상 키울 수 있는 미소에게
1센티키를 키우기 위해
달은 지상으로 오는 중에도
처음 같은 달이었으니

그렁그렁 매달린 눈물
내게 처음 같은 사랑으로 내려왔으니

입안의 변명

바다가 외출하는 시간
보이지 않는 것에 이끌려 사라졌다가
깜짝, 물 위에 떠올랐다가는 사라진 말(言)꼬리를
미처 잡아 주지 못한 것
죽을 만큼 커다란 변명이겠지
하늘을 속인 죄인이었지

소금물속에서 빼끔거리는 눈에게도
슬픔 쫓는 거품은
마지막 눈물일지 모를
또 한 번의 변명이어서
썰다가 만, 물에서
죽은 변명을 낚아 올렸다
몸통에 語尾가 잘려
시의 오기는 죽거나
죽으리라 했다

조개가 묻혀 있는 일곱 섬에
서글픈 미간의 말들이 묻혀 있다

소금별에서 쏟아져 내린
다음 생의 살아 있는 미련들

예쁜 여자가 그물을 던져
語幹을 건지면
語頭를 바쳐 술 한 잔 올렸다
바다의 신은 본래 시인이여서

눈길 먼 수평선에 다 가도록
나의 배는 수평하지 못해
소심한 안개꽃에 숨어 뒤 걸음 쳤더니
단명한다던 십 년은 오십 년이 되고
백 년이 되고도 남은 변명이
아직 입안에서 자라고 있다

2

시인일기 1

꽃의 이야기를 쓰기 시작했다
홀로 태어난 여자 얼굴에
꽃말을 꾹 눌러 새겨 넣었다

네가 꽃의 얼굴로
우는 줄 몰랐으나
언어의 신음 같은 어린 날
석류가 쩍쩍 터지는 공허한 시간들은 이랬다
"오늘은 흐리고, 해 저문 저녁
사립문 앞에 앉아 흐느꼈음"

담장 위에 암흑한 고양이가 부르는
자장가는 별빛을 타고 굴렀다
어둠을 잔뜩 끌어 앉은 덤불속은
외로운 등껍질을 벗어 버리고
기어 다니는 밤 거북이들로 가득했지

추억에서 주춤주춤

어린 기억 자꾸 몰려와
꽃수술 가운데
쪼그려 앉아 눈물
범벅이었을 조그만 얼굴은
네가 태어나기 전에 보고 왔다.

먼 훗날
너의 시화전
익은 시가 되어
내 몸에 뛰어 들어와
전신을 뒤척거리며 영혼의 피가 되어 돌 때
비탈이 없는 울타리가 되어 줄께
아프면, 아무나 너를
훔쳐 갈까 봐

시인일기 2

저녁이 되면
대밭에서 우우우하고
우는 소리가 들렸다
“내 귀는 당나귀 귀”
깜짝 뒤 돌아 보니 내 안을 물어뜯고
밖으로 꼬리치며 쏟아져 나오는
연어의 붉은 살빛
완고한 목숨들

오래 전에 몇 번씩 죽었다 가는
시퍼렇게 멍들어 살아났었다
혼불로 빠져나간 빈 자리는
애인의 눈썹달로 채웠다.
애인의 비를 기다리며
애인이 좋아했던 폭풍사막에
매일 비 내려주길 기도했다

비에 젖어
혀에서 스스로 녹은 말(言)의

눈물이 슬퍼서
참담해서
가여운 눈물샘으로
오늘밤 긴 발 걸치고 나에
아픈 상처를 더듬는지
연어들 헤엄치는 주방에서
쓰윽 칼국수, 무심하게 칼질하는
너는

시인일기 3

슬퍼지고 싶을 때
죽어 지고 싶어 뒤집어 질 때
죽고 나서 후련해지는 시를 써도
읽는 얼굴들이 없어
너에게 참 으로 미안해
머리 한 옹큼 씩 빠지는 것
그게 모두 다 詩앓이 탓이라던 어느 날,
접시꽃을 데리고 우울로 외출하더니
그냥 꽃같이 살자며 벙어리 화분을 들고 왔다

시는 나를 소멸시키므로
잠들지 않는 거울은 원망하지 않겠으니
나에게 사사로움이 없는 심장이 없는 애인 하나
만들라 간절히 당부했다

하지만
입속에 마른 소금
돋아날 틈도 주지 않고
시 한 줄 마저 물고 날라 가버리는

세상의 낯설은 새 떼들은
아무렇지 않은 듯하여
시름시름 잠들다가는
최면을 걸고 버티던 나의 강의시간에
너는 교실 끝에 앉아 있는 새였다

새야 벌새야
슬프지만 달에는 교량이 없단다
당신에게 뼈로 건널 수가 없어
어쩔 수 없는 우연으로
저승에서 다시 만나면
당신의 살로 살아가는
화분이라 하자

시인 일기 4

시를 쓰는 일이
뱀처럼 날름거리는 혀여서
아무렇게나 주절거릴 때가 있다
깊은 바다 속에서 소금을 배어 내리는
푸른 물방울이래도
뭐 하나 건진 것 없이
입 속에서는
쓰디 쓴 구절초
돋아나기 일쑤이고
詩情은 하얗게
날을 새워
쓴물 도는데
묵은 시집은 고스란히 묶여져
마른 숨을 거둔지 오래여서
저승 밥 한 덩이 넣어 줄 입 구멍도 없다
그런 시를
다시 쓴다고
다시 입속에
하나 뿐인 허파에서 나오는 바람을

씹었다 뱉어 내는 서투른 색스폰소리는
오류의 사슴뿔을 살렸다
백양나무숲으로 돌아간 사슴은
당신들에게 처량한 눈으로 보였지만
자기는 청수정을 닮은 눈동자라고 말했다
오늘도 어제도 그랬다

시인일기 5

공터에
켜켜히 쌓여 있는
씀바구니 한 무대기속에
족제비 눈빛은 숨어 있었다
어제 밤에도 맨발로 다녀간 눈치다
다녀갔는지 꿍꿍이속을 알 리 없지만
이도저도 한꺼번에 살던 얼굴들
불쑥 한지창문을 열었다
아무것도 내어 줄 리 없는
창호지 껍질만 남은
마른 얼굴들
그립게도 가여운 살들은
어디 가셨을까

새들의 공중에서
그 여자의 손길에 닳아진
그네가 가끔씩 흔들렸다
눈에 익은 경련이다

오래 전에 겨울 말
갈기를 흔들며 달아난 껄끄러운 날들
어쩌면 다시 돌아 와
누런 햇살처럼 누워있는 빈 방에
그림자로 가쁜 숨 내 쉴 때
유언 같은 갈퀴덩굴이
문지방을 넘나들며
멱줄 끄집어 가는 걸
알아봤다

그때 낯 익은 목소리가 들려 왔다
가시에 걸린 목소리
"자다가 깼네요. 도대체 시간이 몇 시 길래 잠을 깨우나요"
점점이 부스러진 말의 파편에 나에 공터는
서글픈 부조화였다

울음의 처음과 마지막

내가 태어날 때
울음의 처음을 들었다
산다는 것에 목을 매고 거드럭거릴 때도
울음은 살아 있었다
죄 없이 따라 다니는 울음에게
샘소나이트 손가방에 가득 담긴
빵 굽는 냄새에도 과민한 근심여서
출근은 늘 수척했다

울음의 이웃은
시골 대밭에서 살았다
그것의 환청은 산비둘기처럼 내려앉아
배고픈 욕망의 눈으로
어찌할 수 없는 내게 다가오며
단 몇 마디
단 몇 번의 키스로
나를 삼켜 버리기 일쑤였다

그대에게 참견하는 건 아니지만

울음의 끝이 없어 외로움을
덮어 주고 싶은 마지막 기회이니
나로 인한 울음의 단초를
이제 버려 줬으면 한다
제발,
울음을 피할 생각은
애시 당초 없었다

산다는 건
울음의 처음과 마지막인 것
네 젖가슴에 달린 울음의
문고리를 만지면
내 발바닥이 간질거려
좋았다

오래된 먼지, 우울 떼들

아무것도 할 수
없는 곳에서
아무 짓도 할 수 없는
언젠가 빈 몸으로 만난 호수 가
엉겅퀴들에게 매달린 우울을 버리기 아까워
시집 속에 끼웠더랬다
오래된 먼지가 되었다
어느 날 무심의 거북선 카페에서
아라비카 커피 향 솔솔 피는
우울은 살아서
장마로 번져 오는
자귀꽃 아래 부서진 석양빛
찰랑거리며 가슴 후려치고 안겨오는
오래된 먼지 떼들, 우울 떼들
우우우 몰려왔다가 사라지고
시집은 낡고 허물어져 내려
저마다 풀어진 명료한 것들
울컥이다가 사라지고
그 자리에 아직 남은

오래된 먼지들
우울들 날아가면
혹, 죽을까 몰라

대못 박고 싶은 봄날 밤

이 넓은 세상에
누가 저 별의 아픈 이름을 지었을까
아득하고 꿈같은 시작과 끝 이야기를 데리고
반짝이는 호기심만 남기고 다녀 갔나
오래 전 이승의 아픈 기억을
이 별과 저별의 이마에 이름 새기고
누군가는 지나가며
빨간 손수건을 떨어트렸을 것 같은
공중의 구름 같은 봄날 밤

잠 못 이루어
올려보고 또 올려보며
밤하늘의 생각을 참견한 것은
혼자가 아니라
별의 생각으로
나타나서는 천연스럽게 주홍 글씨 새기고
별에게 돌아가는 서러운 애인
대못박고 싶은 봄 날밤

봄날은 밤에 다라난다
바람개비 바람은 수시로 행방이 묘연했으나
카페에서 책을 읽는 사랑하는 미소를 찾았다
유리문에 기대어 십분 동안 지켜보았다
너에 오래된 배앓이 슬픈 잔 속
어스름한 밤과 봄이 기울길래
내 입술로 대못을 박았다

슬픈 잠의 지도 끝

슬픔의 끝
꾹꾹 눌러 줄 것을
네가 잠들면 지도로 걸어가는 능금강 가
불새 물고 가는 숨찬 불길
발가락을 태워 가는
조금조금한 지도의 끝

너에 경계는 나를
슬프게 간섭하고
생각들을 서로 이별하게 하여도
네가 남긴 낙인
절반의 폐로
어찌 이 밤 이다지도 헐렁해질까

어제까지 너에게 들려준 단어는
무수한 초조함처럼
내일은 사무치지 않겠지

스스로 사자라 일컫는

막연한 기억이 잠을 재워준다지
이끌리는 힘에게 잠을 맡기는 너는
이미 네가 아니었듯이

우리들의 여행은 신기루였다
긴 여행의 경계를 밟는 동안
잠의 시간은 늘 잃어버린 슬픔에
떠도는 암흑의 오딧세이아의 바다!

맨발로 사랑하는 잠 곁에 누워
슬그머니 너에 가슴을 끌어당기면
손을 내밀어 잠의 건너편에서
내 얼굴의 형국을 밟으며
지도 끝에서 슬프게 잠든
너는

아프도록 슬프지 않을 가슴앓이

시골 빈집을 열고 들어가면
전생이 굽은 마른 지팡이의
깔깔하고 끊어진 목소리가 들렸다

하마 슬픔 버린 텁텁하고도 떫은 모과나무의
마른 목소리는
"애야!
보았느냐
장독대 묵은 옹기 속에
평생 저린
짜디 짠 가슴 애피 낭자한 것을"

내 손에 선혈이 묻어나는 것 같다
떠난 사람이 끌어 당겼지만
시선은 끌려오지 않을 것이다
한 번의 사랑이 보이는 그대로 였으나
나는 사랑해서 세 번의 가슴을 열었다

신은 절대 울지 않는다는데

사람만이 형용사적 눈물을 흘린다는데
옹기 속의 세월이 시린 눈으로 쳐다봤다
아프도록 슬프지 않을 가슴앓이
아직껏, 이승에
머물러 계신 모양이다

전갈자리 별

-난원 요양원

차갑고 무거운 시간
장작은 쩍쩍 마른 소리를 냈다
자기는 허공이어서
불붙는 것이 두렵다고
마지막 잎새가 보이지 않는다고
진저리를 쳤다
창밖 보름달을 만지고 싶은
쾡한 거문고는 달의 기척을 더듬는
달맞이꽃마냥 가늘게 흔들렸다

자꾸 작아지는 송진이 된 나무는
어디서 뽑혀 왔는지도 몰랐다
태워지려는 이 저녁에게
조금씩 고개를 떨구고
태우시든 알아서 하시라 할뿐이다
무엇에게 기댈 건가
캄캄한 밤의 뜻으로 몰아치는
한 덩이의 아픔을 뭉개고

죽음에게 공범 하는 눈길은
뒤통수로 보내며 딸꾹질을 했다

어눌한 주름이여
세상의 협곡이 아름답고 벅찼던
울컥일 수 있는 푸른 날들의
꽃피는 날들이 그대에게 있었는지
내게도 한때나마 있었던 찢어진 생의 주머니를 더듬으며
돌아섰지만 눈길은 글썽이는
전갈자리 별 이여서
나는 두 손으로 가는 눈길을
힘껏 밀어 줬다

봄 산에 죽으리라고

슬그머니 내 명치 끝에 한시름으로 내 버렸던 봄 산
수수 억 만 마리 솔 강아지, 털구름 사이로 날아가는
새 떼의 나락 같은
허물어져 내린 새털에게
목이 매여 파득 거리는 푸른 천치들
누구에 수작일까

지친 아지랑이 풀고
무덤 가운데
불이나 지르고 도망간 년의
고백을 들으며
죄스런 할미꽃 앞에
머리 숙여 울어 줄
속절없는 그런 날에
봄 산에 죽으리라고
넌지시 산에게 일러 줬더니
그냥 죽으라 한다

두 눈이 산에 머물러

어린 연두풀들 간절하게 흔들어
네 눈꺼풀에 닿으려 해도
외면하는 눈동자는 뒤태를
돌아 볼 수 없어 끝내
봄 산에 죽으리라 했다

풀꽃 한 송이 들고
그대 찾는 날
다시 살아 날 일
있을지 몰라

달의 새끼들

그 동네 이사 온 날
풍뎅이, 장수벌레, 투구벌레 실루엣은
휘파람새, 뜸부기, 소쩍새들 울음 깃털이여서
어둡게 아주 가깝게 울먹울먹 들렸다.
달의 새끼가 울었다

그의 산, 산사에
먼 친척 비구니가
이른 새벽부터 부처님을 만드셨다
얕은 산마루 이쪽에서 저쪽으로
빈 산의 공양을 위해
공손한 향을 흘려 내리는 순간
눈이 부신 아침 햇빛은
개양귀비 긴 그림자를 풀어 주고 있었다.

찬란한 공중을 올려 보는 것조차 신기한
왕감나무에게 눈을 기대면
검은점나비가
하얀 수염으로

초가지붕 위를 날아 다녔다.
다른 영원들이었다

어른이 되기 위해
쇠 힘줄 같은 투박한 사투리 말의 살인을
꾹꾹 눌러 삼키고는 솔가지 타는 눈물을 섞어
꼭두새벽에 바다를 그렸다
바다는 아득히 멀어져 가는 갈매기여서
소라 귀는 그릴 수가 없었지만
어른이 되어도 그릴 수 없는 서글픈 소라 귀는
멀리 미끄러져 잡을 수 없는 우주였다
등뼈를 지탱하던 왕대나무를 만져 보는 것도
달의 새끼였으니
눈이 환하게 부셨다

내 몸 속의 상념들

– 결석에게

수저에 떨어지는
막막한 기행의 짠 눈물
하얀 피로 흐르는 상념들
손톱 밑 가시에게 내 눈은 무뎌지고
달빛 정거장은 가까이 있어도
만질 수 없는 투명한 별의 손님 같은
내 몸 속의 살아 있는 사색들

그것들
어울리는 한 생은 그렇게 질러가려나
푸른 이끼 자라는 연줄로
컥컥거리는 숨소리 멈추고
섭섭한 마음이 저녁을 밟고 지나간 자리
돌멩이 하나, 둘, 셋, 넷, 수도 없는 것들
그것들 내게 걸어 들어와
부딪치는 아픈 저 수려한
신음 들리는 몸속

활짝 열어 보고 싶은
날카로운 이빨들

언젠가는
베개 속에서 들려오는
신음의 비늘에게 눈을 감고 다가가
너에 무딘 칼을 빌려 숫돌에 갈아
그 소리들 단칼에 도려내리
아무렇지도 않은 듯 만져 볼 수 없는 슬픔을
전부는 가릴 수 없지만 엎드려 있던 내 몸 속의
별 같지 않은 별, 상념들
네게 다가가려 하니
더욱 들쑤시길래

내 눈물이 슬프지 않다고 말한다

내 눈물이 슬프지 않다고 말한다.
존재에 대한 말 같았다
네가 쏟아내는 말의 슬픈 감정은
과거로부터 날아와 단단해지려니
그러나 단단한 내 눈물은
슬프지 않다고 대답한다.
잠들지 못하는 밤인데도
눈 내리는 밤의
눈가루를 셀 수가 없어
미안했던 밤
차라리 너에 눈물이 내게로 흘러와
간혹, 삶이 물렁해지는 몸을 뉘일 수 있어
이제 내 눈물에게 슬픔을
말려도 된다고 말한다.
살아 있는 동안
태어나지 않았던 눈물까지
넘쳐 오길래 눈 안의 바다를
보듬어 주기로 했다

꽃 속에 민박

내가 숨겨놓은 작약 꽃 오두막에
호롱불 켜고 민박하겠다.
혀에서 깨물어 진 생각을 접고 또 접어
담장을 넘어간 능나무 꽃은
등불꼬리를 물고 있는 달빛에 잠들 수가 없다
구름그림자를 질질 끌고 네게로 갔다.
이년은 저놈에게
저년은 이놈에게
야짓 거리 하는 틈틈이
풀풀 헤어진 한낮의 미망들이 잠드는
그렇게 한 땀의 끼니를 깁는
시간을 꿈꾸며
슬며 가랑이를
간질거리는 새벽 시간에
달아오르는 불이 된 내 형상은
달빛 번지는 물기로 네 몸에게
맡기지 못해 잠 못 이룬 하룻밤
꽃 속에서 민박 했다

이유 있는 꽃말

푸르른 날
토끼풀 속에
열다섯 사람
푸른 손을
흔들며 지나가도
기차역 앞에 수수 백 명이 어쩌다
흰 구름 펼쳐 보여도
내 눈엔 그대만 보이는
네게 꽂히는 마음의 씨눈
잉태하는 이유 있는 날개 달린 씨앗
네가 아니면
내 마음 열 수 없어
무수한 꽃말의 이유가 쏟아져
꽃말들의 유혹 이어도
민낯 가리는 사연을 알 수 없어
토끼가 우울하다 하네
내 마음을 열 수 없어
그대 외 어느 누구에게도 낯설은
한 백년 자고 나니

이유 있는 씨앗 하나
네게로 걸어 들어
가는 걸 보았네

너 같은 유순한 안개

밥을 먹다가
목이 매여 터질듯 할 때가 있었다
마음의 골목 돌무데기 곁에 우두커니
떠오르는 집 때문이다.
불을 끄고 이불을 뒤집어쓰고
누어도 지워지지 않는
저 어딘가에
자꾸 불을 켜는 그 여자네 집
아직도 그 여자 곁을
함께하지 못하는 긴 슬픔의
등 그늘 한 줄기 흐르다가는
꺼질듯 꺼지는 듯하여
슬픔을 뒤집어쓰고
켜켜이 재어 있는 심장에
소금 핥듯이 입술을 대었다가 떼다가
미련은 상사병이 되었을까
찬바람이 목덜미를 깨우면
가슴 속에 남아 죽을 것처럼 깜박거리는 등불로
목젖이 더욱 아파 힘든 날

네 머리에 안개꽃은
무시로 피고 지고
홀연히 내 눈길에서 사라지는
너 같은 유순한 안개

억 만 광년 전에 한 말

산그늘 막에
우두커니 서있는
가을 옷자락에게
내둘리는 안타까움
시월의 달력을 밟으면
두 뼘 앞서는 무서리에 발은 저려 왔다

풍경 지워 진 것
더는 남은 것도 없이
더는 사랑할 것도 없이
수수억 년의 별자리에서
아픈 사람끼리 하던 말
한꺼번에 달려 와서는
덜컥 정류장에 앉아 들려주는
시월의 마지막 날, 유난스런 기침 같은 소식

어스름 모퉁이
어디선가 저녁별 서걱서걱 부딪치는
소소한 별들의 후미진 마음을 누가 알까

더는 아플 수 없었던 목련의 떨림 말들
한 여름날의 맨드라미 목마른 말들

늘 처음처럼
시월은 그렇게 하고 싶은 말
많아서 자꾸 뒤돌아보며
겨울사람에게
말 걸어 보고 싶은 뒤척임으로
익었다 가라앉은 시월의 마지막 날
먼 나라에서 잔기침에 죽었던 당신
나를 열망했던 당신이 한 말

당신, 더는 아프지 마세요

별빛이 거꾸로 흐른다 해도
억 만 광년 전에 들려준 말
이제야 내게 들려 왔으니

눈물 화석

살아서 눈 감고는
너를 볼 수 있는 지금
제비꽃을 꽃이라 부를 수 있는 어제도
너의 집 싸리문 울타리 안에서
그 것의 씨앗이 되어
화석이란 아랫도리를
붙잡고 슬픔 같은 일기는
지울 수 있었다

백만 전부터 너를 기다렸기에
누 백년의 처마에 매달린 반달을 보고
더는 눈물을 흘릴 수도 없어
그 눈물의 장독 속에 찌들어
지독히 짜다 못해 끝내는
하얀 빨래같이
싱겁게 풀어지는 화석
내 손끝에 닿아야 풀어지는 눈물

3

아픈 너를 손잡고 간다

아픈 여자를 데리고
詩碑공원을 갔다.
시들이 울며 웃는
녹색 카페에
가까이 갈수록
실없이 여자는 눈물을 흘리고
늙은 소나무가 씨받이를 후려대는 발등 위
연푸른 뼈를 부드럽게 만지며
낮은 목소리로 영탄의 노래를 부르는
여자는 자신의 주머니를 비우고 있었다

詩의 늑골에서
산수유 아린 피가 흘러내려
환생의 꽃을 피웠다
봄날의 긴 안개 천을 물고 날아가는
뻐꾸기 울음에도
여자가 쓸쓸히 웃으며
통증을 시작했다
나도 뻐꾸기가 되고 싶어요

엄마 배속에 눕고 싶어요

나는 그녀의 통증에 힘껏 매달렸다

詩碑들이 에워 쌓다
나는 단호하게
무덤을 만들어 주며
맑은 뼈로 누운 여자에게
부러진 왼손을 내밀어
내 손을 절대 놓지 말라했다

너를
손잡아 주는
속절없는 이유를 모르겠다.

내 몸의 적막

너를 사랑한다는 것은
태고 적부터 따라 온
너의 눈물을 사랑해서
대명천지 가득 넘친 눈물 너울에
휩쓸려 지고 싶기 때문이다

네가 버린 숲에는 잠시
누군가 세 들어 사는
오두막이 있다
내 말(言)들의 동거다
천 년을 울다 지친 입은 수척했다
제발 내 몸의 적막이 아프니
울지 말라 했다
눈을 뜨면 나는
오두막을 이고 나갈 수 있을까
걱정으로 바다로 빠져 나갔다
너와 함께 묶여 있는
적막의 영혼의 끈, 저 낮은 바닥에서부터
훑어 오는 진개 같은 적막의 이끌린 자국들

속으로 가라앉아 낮게 끓어오르는 소리

머리끝을 딛고 서 있는
너에 하얀 종아리 하얀 종아리로는
지극한 적막을 업어 줄 수 없어
내 몸의 적막으로 아프게 울어 봤다
독하게 울었다.

꽃뱀과 느티나무 숲에서

느티나무 숲 아래
꽃뱀이 새빨간 거짓말을 품고 있었다
기어가는 행간마다
달빛 비끼는
노래를 부르며
옹달샘에 알을 낳는다.
거짓말 사랑의 부화를 위해

물었다.
네가 품은 거짓말은 정작 어디까지거늘
진실한 대답을 할 수 있느냐
숲에서 태어 난 적이 없는
당신, 숲을 모를 것이다
평생 슬픈 거짓말과
거짓 눈물로
아프다는 일상을
시작하는 너는,
함부로 입을 들썩 거렸으니

아픈 신음을 가진
숲 아래 또 하나의
낮은 숲속
멍게나무의 사유로
똬리를 트는 헝클어진 이유를 말해보렴

아무렇지도 않은
떫지도 달지도 않은 그림자로
거짓 꽃불을 만들어
느티나무 숲에 환한 불 켜는
너는 평생
마른 눈물 흘리는
꽃뱀

꽃병, 꽃들 참 많은 생각에

생각이 참 많은 꽃들
지난밤 이 꽃, 저 꽃끼리
무슨 말 주고받았는지 모르지만
얼굴에 그려 있는 불륜의 상상은
멋쩍어 묻지 않기로 했다

한낮이 물들 때
저들 몰래
두리번거리며
지난밤 지상에 내린
불안한 별빛과
낮 그물에서 빠져 나온 달
꽃병에 들어갔으나
저희끼리 모르게 손을 뻗은 일

꽃병 속 곳곳
비탈에서 일부러 자주 미끄러지는
꽃들의 부끄러운 생각에
낯은 뜨거워지고 꽃의 마음에 떠밀렸지만

애인에게 안기는 시간은 너무나 짧았다

덩그러니
푸른 벽속에서 걸어 나오는
青羅머리 풀어헤치고 지친 여자는
꽃병을 보듬고 잠들었다
푸른 여치가 한 발짝 가까이 있는
서로 서로 좋아하는 그네들 창 너머 아래
가여운 눈, 가여워
꽃들의 숨결에 지장을 주었을 듯하였으나
차마 만지지도 못할 꽃병의 한 몸을
참 많은 생각에 까닭 없이
꽃병은 거룩했다

이별은 간이역에서 멈추지 않는다

무엇으로
너를 뜨겁게 할 수 있으랴
한 몸 불태웠던
염산의 갈대들아

갈대들에게 무엇이 남아 있을까
남겨 있을 영명한 흔적을 찾았다
나는 남아 있고 너에 환영은 어른거렸다

너는 내 몸의
라 트라비아타.

그해, 몹시 하얗게 추운 겨울
너에 빨간 옷이 지독히 추웠다
옷 속의 발목은 벗어 버리고
별들의 차갑고 뜨거운 생각으로 춤을 췄더랬지
숨이 한참 혼곤 할 때
흰 눈이 내렸다
혼곤은 무척 뜨거웠다

어쩌자고 눈이 내렸을까

별들이 숲속의 어둠을 깁던
버려진 적요를 따라
간이역에서 간이역으로
네 생의 몸통을 지나는 순간,
뚝 부러지는 진동을 몇 번이나 느꼈을까
괜한 아픔이 한꺼번에 이마에 박히듯
스친 것들의 아픔을
흔들려야 들려오는 별들에 이야기
조금씩 나누어 귀하게 지나쳐 보냈다

네가 멈춰 있는 간이역에 가려했으나
너에 차례는 이미 행복에 넘쳤고
안녕하지 못한
가난한 밤의 눈살들이
찔러 대는데
이별은 멈추지 않는 간이역이라고
그렇게 지나가는 것이라고

지금은 아물지 못한 시간

오월, 맑은 날의
철 늦은 검은 핏빛 동백들
돌담장 너머로 걸어 나갔다
마당은 노랑 민들레의 휴식으로 넘쳐 나고
대문사이로 그늘이 엉거주춤 걸쳐 들어왔다

공터에서 밀어내는 나비 떼의 검은 날개들
저것들의 비린내 나는 광기를
아무에게나 던져 주는
그런 애원들
쓸쓸하게 흔들리는
지금은 아물지 못한 시간

사람 없는
부패한 주방에는
밥 식는 소리가 팽창해있다
마당의 벽시계는 죽었을 것이다
죽은 시계다
참새 때가 분초의

바늘을 쪼아 내리며
빈집 허무는 시간은 너무도 광활하다

대나무의 진실

대나무도 나무였는지 몰랐던 시절
속이 텅 빈 대나무속에 들어가 진실을 듣고 싶었다.
사는 날, 수많은 아픈 마디들
하늘이 얼룩지면
젊은 날 베어 진
마디 끝 쪽을
깊은 눈으로
들여다 보는 버릇
이때 생겼다

대나무의 진실은
미명에도 그칠 줄 모르는
불편한 사실을 감추려고 낮 밤으로 푸르게 울었다
가끔은 천둥처럼 한꺼번에 울 때 있으나
아직 멈출 줄 모르는
이전의 진실들로
쓸쓸하게 묻혀버렸다

개밥바라기 별 뜨는 시간, 커다란 교회 앞

길 건너, 창 넓은 해밀 찻집에서 너에게
대나무의 진실을 우연치 않게 들었다.
식어 가는 국화차와
유별나게 귀를 기우리며
너에게 묻혀 있을지도 모를 진실을
모른 척 하는 너는,
날 안아 주며 대나무의 진실을
속삭이듯 들려줬다.

사랑이 무척 가려울 때였나 보다

그 해, 겨울 폐교

그 해 겨울
내 영혼의 주소는 폐교였지.
낡은 복도에 버려진 그림의 종이들
크리스마스카드 한 장쯤 그려져 있는지 몰라
궁금해. 아주 궁금했다

눈발 휘날리는 날
여자가 긴 머리카락 날리며
와락, 달려오면 낡은 풍금이
서투른 그림 속에서 걸어 나오고 있더랬지
종소리에 걸 터 앉은 운동장은
눈이 내리는 음악을 기다렸다
시간의 별이 되고 싶은 가문비 마른 잎은
멀리서 제 발로 걸어 나왔다
눈을 뜬 눈사람 이었다

사랑해서 그대의 급소를 빌리겠다.
그리하여 바늘 끝만 한 흔적으로
나를 가질 수 있는 멍 자국을 아로 새겨 둘 일

소슬한 밤 나는 지상에서 가장 아픈 못 자국을
눈사람에게 남기기로 했다
마른 영혼에서 피가 흘렀다

오, 반짝이며 글썽이는 세상의 금붕어 눈들
시리고 환한 한 눈물
차마 뒤 돌아 볼 수 없어
돌아오지 않을 것처럼
두 눈을 감았다

참 명징했다.

마을이 팔렸다

풍년초 쌈지를
허리춤에 달고 사시던 조부께서
새의 깃털로 날아가는 것을
꼭, 섣달 그믐날 보았다
그러다 멍하니
그러다 한 숨에 사라졌다
새를 닮은 흔적은
당신이 존경하는 삼국지
당신이 닮고 싶은 창을 힘껏 움켜쥐고 내 달린 날들
지금도 골목에 숨어 있는 그런 적토마들
아직 살았는지 죽었는지도 모르지

"부동중개, 대지 2천 평, 대밭13천 평 모두 합쳐서
평당 십 만원씩,"
하얀 종이가 고요 속에 죽어간다

댓잎에서 댓뿌리에게 건너오는
은밀한 족보와 사금파리는 저로 다하는
삶의 의미를 조심스럽게 밀어 내지만

이런 것들, 내일은 누구를 사랑할 수 있을까
난감한 줄 알지만 어쩔 것인가

뒷산을 흔드는 무념은
마을 대대로 내려오는 오만가지 모난 얼굴과
살아있는 귀들 지우기에 여념 없다
빈 항아리들은 마른 침을 삼켰다
그래서 떠나기로 한다면 기꺼이 삼켜야겠지
거간꾼에 끌려가는걸 아는 연고로
대추나무에 걸친 저녁노을을
이리 저리 쑤셔댔으나
낼 모레면 팔려 갈 것 같다

6월 갯벌

튀어 오른 오후가
시간의 주름살 같아서
소금밭 고향은 멀고도 가까우리.
고래를 절반 쯤 삼켜 버린 늘 메기가
바닷길에 널 부러져 참혹한 바다는 스스로 마시고
그리하여 자기 살을 물어뜯었다

승천의 독이 오른 길목
목 매달지 못한 햇빛이
나를 죽이고 싶어 안달이다
아직 내게 살아 갈 궁리는 많은데
바다이든
하늘이든
수평선에서
섬과 섬 사이
살아서는 다시 올 수 없는
울음주머니를 끌고 가든
갯벌의 현기증에 쓰러져 뒤척거리든
돌아오는 길

슬프지 않게
서해 보리숭어 떼가
한 그물 가득해도
유월 초록빛이 말려지고 있는
당신의 갯벌을 지나치기에는
나는 오래 전에 가난했다.

그것은 당신을
사랑한다는 가난한 사실.

불량공기

몸이 헐렁하니
회색구름도 출렁거렸다
불량공기는 지상을 맴돌다가
물돌에 가라앉아 지난겨울의 보푸라기에 끼여
겨울, 겨울 우는 소리를 했다

이 저문 저녁, 차마 무슨 말로 봄을 마중할건가
평생 손바닥을 마주 치며
원하는 만큼 사랑하지 못하고
오래 전 눈을 감은 화분에게
먼 산에서 빌려 온
할미꽃을 심었다

지금은 자꾸 이별하고 싶은
조금치 같은 시간
산을 내려오는 그림자에게 맡기고 싶은 그런 시간
불량공기를 따 돌리고 싶으면 문빈정사를 찾아
부처 곁에 앉은 원숭이에게 휘파람을 불었다
폐에 남은 절반의 숨소리마저 털어 줬는데

반에 반쪽만 주는 너는,
나를 두고
뉘 화분에게 곁눈질일까
할미꽃 화분에서 걸어 나가는
보일 듯 말 듯한 너의 이름을 찾아
허물어지는 유언을 비로 쓸어야겠다

여름 산천 적막

여름 적막에
저리도 서리 찬 숨결이더니
진눈깨비 내렸습니다.
하늘 풍경 심장 밭에 날리는 눈발들
끝없는 날줄의 자락에 명치 꽂히는 산
아흐 소리치면
컴컴한 무덤의 큰문 활짝 열려
쏟아져 나오는 창백한 아우성에
눈이 멀지요
죽은 넋들,
뻐꾸기 울음도 패댕이 쳐 버리고
저 혼자 비켜가는 사람
저만 가라지요
풀어지게 가라지요
산천에 드러난 무딘 뼈들
물어뜯는 악다구니에 아픈 줄 모르구요

다시는 돌아오지 못할
큰 산 무덤에 고인 눈물

흘러내리는 저문 그늘로
천년바위 고개 와르르 허물어
억년의 울음길 갚을까 하구요

몽돌과 푸른 연어에게

그대 가슴에 연어 알 품어 주면
푸른 연어들 무성하게 자라서
바다가 내려앉은
찬연한 산호밭에
서걱거리는 작은 몽돌
수도 없이 키우겠지

연어의 안방을 상상하면 즐거워져
비밀의 푸른 방은 있을까,
알을 품은 방은 어떤 방일까,
푸른 몽돌의 새끼들은 어디서 키울까,

그대에게 몽돌의 씨를 뿌렸으나
스스로 피지 못하는 자궁이어서
씨앗 생기기도 전에 내손으로 지웠지
낙타가 사막을 지우는
숙명의 혀 바닥이
그대 안에 존재하기 때문에
어쩔 수 없이 몽돌의

가여운 씨를 뱉어 내기 위하여
혀를 말아 올리며 산다했지

푸른 연어를 사랑하긴 하느냐고
묻고 싶다

그대의 새끼들에게 모진 바람 불고
그대한테 그대한테만은
유구한 심해 속에
눈보라가 몰아쳐도
몸에 새긴 각인의 몽돌 생각
세상의 풀 나무가
모두 사라진다 해도
그대는 돌덩이여서
무덤까지도 입을 닫겠지만
푸른 연어에게 모두 말해주리
연어에게 새겨진 여인의 지문자국

외면할 수 없는 그림 한 장

– 고흐의 "해바라기"에게

해바라기에는 눈꺼풀이 없다
광대뼈가 튀어나온 구렛나룻의 사내도 눈꺼풀이 없다
노랗게 물든 한 낮의 피부는 달콤했으나
해바라기의 그림자는 더욱 고독했다
너를 그려주는
너를 증거 하는
화가가 죽었기 때문이다
무채색의 별들이 흔들렸다
꿀벌들의 행렬이 이어졌다
장엄하게 불타오르는 해는 사라지고
해바라기들이 떠올랐다
나는 죽은 자를 위하여 노래를 부르며
정오를 향해 떠났으나
아무 것도 없는 무덤, 그러므로 온 몸을 바쳐 꽃을 피웠다
이제 무엇을 그릴건가
무엇을 그리워 할 것인가

미친 화가여

나의 거미줄로는 이제 궁색하여
더는 저 빛을 보듬을 수 없으니
두 손아귀에서 흘러내리는
미친 물감으로
미친 태양으로
허공중에 얼마나 뿌려 줄 것인가
당신의 벽에는
얼굴 없는 고뇌가 무수히 걸려있고
손아귀에 엉거주춤 들고 서있는 해바라기의
둥글둥글한 생각들이
아래로 아래로 쏟아지는 짓거리에
지금은 지나칠 수 없어
어둠을 그리는 정오의 광장에 쪼그려 앉아
외면할 수 없는 그림 한 장
비싸게 팔고 싶을 뿐이니

별의 침묵을 깨다

– 고흐의 "별이 빛나는 밤에" 바치다

전생에 어쩌자고
들숨 놓아 버린 별들
바가지에 쓸어 담으셨나요
생전의 어머니!

이승의 이마를
때 아닌 눈발로 휩쓸어 가고
다시 이마에 빛나는
나의 반딧불이 살아서
저 투명한 개울로
얼마나 궁율히 흘러갔나요.

핏기 어린 날들
청량한 개울물에 이끼 낀 돌무더기에 가재였듯이
한 시절 밤하늘 천정에 매달린 반딧불이도 그렇듯
누군가는 들춰낼수록 빛나는 별들의 무게는
상처였습니다.
못 자국 이었지요.

그대의 행성은 어느 자리에서 아파하는지
그 차가운 아픔이 사뭇 치게 전달되어 지상의
벌레들 수런거리고
강들이 출렁거리는데
그럼에도
나에 별자리가 땅 끝 빙하를 뚫고
심장에 박혀 스러지더라도
내 목숨은 한낱,
헐거운 흘림 빛이어서
저 광휘의 生빛에 다가가
노숙자의 마음을 바치겠으니
엄숙한 이 한참에
별의 침묵을 깰 뿐입니다
어머니, 저승 바가지에
한 모금의 물, 떠 주지 않으시렵니까?
저 별들의 눈물일지 모를

두 발로 걸어 다니는 여우

당신, 여우일까
저녁 어둔 시간에 가면을 쓴 여우가
강변을 휘적휘적 지친 강물을 데리고 간다
사람이고 싶은 여우
남자이고 싶은 여우
별을 흉내 내고 싶어
하늘 향해 네발 치켜들고
별에 별짓 다하는 여우
정말 여우 뼈다귀 일까
개풀 뜯어 먹는 소리도 들리고
원숭이 흉내 중얼거려도
도대체, 가면 쓰고 바람 난 가시들
쥐뿔에 대하여, 내숭을 떠는 능청에 대하여
제발, 사람에 입으로 말 좀 해봐
뱉어 보라구

만삭의 저녁시간
개 끈에 끌려가는 불량바람 따라
하품을 컹컹 짖어 내면

가면을 벗을지 모를 당신
정말은 옆집의 남자가 무서워
가면의 뻐다귀를 물어뜯고
안으로 숨어 가는 여우 일게야
두 발로 걷고 싶어 가면을 쓰는 여우 일게야
분명해!

허허했다

닭 모가지도
비틀지 못하는
주제에 무덤을 팠다
죽은 약속 몇 개가 제 풀에 스러졌다

백년의 뿌리를 삼킨
한 순간의 과녁에는
녹 슬은 화살들이 박혀있었다
화는 태우고 살은 훠이 훠이 날려 보냈다
모든 은유는 사라지고
잿빛 공기만 주변을 떠나지 못했다
살을 내린 공기 한 주먹은
바람에 더하여 폭풍으로
몰아 칠 것 이라한다
청솔매가 묻혀 가면
天葬*의 하늘이다
잿빛 공기를 마셔
허허했다

오랜만에 잠을 잤다

*티벧의 天葬禮

새가 흘리고 간 풍경

사랑채를 헐었다
담장 넘어 시냇물 소리가
사무치게 끼어들었다
황금사철은 골목길에
반쯤은 하초를 벗어 내린 채
잠시 뉘었다

어떤 이유도 없이 뿌리가 깊어진
장미고목은 파 헤쳐, 버리는 풍경에 실어 보냈다
장독대 주변에 몸을 틀었던 토종선인장의 가시들은
빈집의 과거였지만
앞으로도
찾아오는 누구든
과거를 들쑤실 것 같다
아무렇게나
흩어진 시절에게
수척한 흙을 깔았더니
주인 없는 눈길들이 담을 넘어와 밟고 다녔다
뒤주는 인간적으로 걸어 나갔으나

몇 백 년 내려오는 밥과 반찬을 데리고
돌아오지 않을 태세지만
가라했다

담장 밖으로 사라지는 당나귀의
두 귀가 더욱 커 보이는 텅 빈 소요에게
너에게 타오를 꽃도 너에게 바치고 남을 사랑 몇 평쯤
새들이 그렇게 앉아 흘리고 간 풍경도
소요였다

사소한 것으로 사랑했다

카페에서 차를 마실 때
그가 찻잔에 눈동자를 띄우고는 작은 목소리로
아주 조그만 할 때 이천육백 권의 책을 읽었다고 말했다
순간, 그의 눈빛은 찻잔을 거쳐
내 가슴을 질러 왼쪽으로 세 바퀴를 돌아
펄펄 끓는 피가 되어 손가락 끝에 불이 켜졌다

평생 불빛을 사버렸다.
빛이 자리한 터에 집을 짓고 울타리 안에
이천육백 권의 새끼를 치고 책에서 음악을 꺼내어
유리 창밖, 잔디정원으로 데리고 나가
그의 머릿속을 사색하며 걸었다.

한 뼘만큼 발길 옮기는 계절마다 그는 내 손을
꼭 잡으며 책들은 마구 커 가는데
심장에 담은 울음 멈추는 날,
언제가 될 지를 물었다

아직 그만한 분량의 활자를 밟은 기억이 없어

바람을 타고 책의 종착지를 찾아야겠지만
그는 걱정 마라 했다.
당신의 새끼들이니 지식을 낳은 지혜가 당신이랍니다.
이제 나는 가장 사랑했던 당신의 얼굴로
또 태어나고 이천육백 권의 책도
당신의 핏줄로 다시 태어 날 테니까요

그대에게 눈을 감을 수 없으리
그 불빛의 배려에 한없이 젖어 가는 나는
묵묵히 낙엽을 거둬들이는 밤에도 잠들 수 없는
사연 한 권 보태어 그대에게 물려 줄
사랑을 장만해야겠다.

쇠뿔에 책을 걸다*

구름이 날아가면 어떻게 하나
날아갈 것 같은 구름을 베고 책을 읽었다
팔이 아프면 쇠뿔에 책을 걸고 그대 가슴을 더듬듯
사랑이란 글씨도 만져 봤다

한없는 행간의 글씨가 쇠뿔에서 기어 다녔다
그건 거짓 언어로써 어떤 유명한 자의
다른 이름 같은 술책이다

자꾸 감정을 추스르는 여치들
책장을 삐져나온 베짱이들이
책을 따라 읽었다
행간에 사랑이라는
글자가 스무 번은 나왔다
사랑은 오직 너만을 위한
구석구석 급소를 지르는 두 개의 심장 속
검은 피라고 써있었다.

쇠뿔에서 내려 온

언어의 냄새가 시원했다
설마 그것들의 싱싱한 냄새가
시궁창으로 흘러가진 않았겠지

쇠뿔에 앉은 참새가
아는 눈길로 책을 보듯
조용해서 숨을 놓고 싶었다
지척에서 외로운 네가
한 뼘 만큼 울고 있는 줄은 몰랐다
아무 일도 없이 격한 슬픔으로 벅찼지만
악착스런 책들의 행방이 분명치 못해
슬픔의 경계에서 주춤주춤 물러섰다

쇠뿔에 책을 걸고
울먹울먹 내려앉았다

*唐의 이밀의〈 괘각공서〉 쇠뿔에 책을 걸고 공부한다는 뜻

눈물 닳아진 고백

때로는 사랑하는 게 아니라
상처를 주기 위해 만난다는
그대의 투정을 받아드리겠다. 행여,
투정의 비밀스러운 침상에 돌덩이 풀어져
돌이다가 먼지가 되진 않겠지.
그 쇠 같은 돌 풀어지고 곤두박질쳐서
허리가 부러져 눈물로 흐른다 해도
그대에게 그대에게만은
물개의 등골 시린 푸른 바다,
눈물 닳아진 참회를 가만히 고백하리.
誇張을 눈에 씌웠던 잘못을 고백하리.

그대를 사랑한다 했을 때 솜 털구름 데려 와
푸른 솜사탕이라 천연덕스럽게 거짓말로 안아 준 걸
무엇으로 속죄할까. 그 간의 투정에 대하여 가혹하였으니
마음에 빚에게 목 매달라 하겠네. 그대의 투정,
수세미 같은 상처에 채송화 씨앗 한 알이라도
떨어져 꽃이 되었으면 더없이 좋겠네

| 발문 |

자아동일성 회귀로서의 비극적인 사랑

송 수 권
(시인)

1.

이덕수 시인의 두 번째 시집 『붉은 여우의 겨울나기』(2004) 발문을 쓴 것이 2004년도였다. 그 때 그는 순천시청 의회국장으로 있을 때였고 나는 순천대 문창과 교수로 재직했을 때였다. 그 때 정리된 해설을 보니 「풍경과 상처」란 주제를 달고 있다. 이번 네 번째 넘어온 『달의 새끼여서 눈이 시리다』 시편을 보니 풍경과 상처란 주제의 인생론적 체험에서 써진 시편들이 그 범주를 크게 벗어나 있지는 않은 것처럼 보인다. 다만 그 상처에서 나타난 풍경에 투입된 자신의 삶 속에 고백하고 있는 애인 즉 타자를 통한 통증발현이 오래 전에 생의 고비를 넘겼다. 세 번의 대수술과 늑골 서너개가 잘려 나간 아픔, 그리고 왼쪽 폐도 절제되고 없는 평생의 통증과 동거하고 있는 슬픔을 읽을 수 있어 비극적인 시

세계를 감지할 수 있음이 두 번째 시집에서 보다 구체성을 지니고 진술되어 있는 점이다. 그래서 시집 전편을 채우고 있는 캐릭터(타자)에게 시적 장치가 걸려 있다.

아픈 여자를 데리고
詩碑공원을 갔다
시들이 울며 웃는
녹색 카페에
가까이 갈수록
실없이 여자는 눈물을 흘리고
늙은 소나무가 씨받이를 후려 대는 발등 위
연푸른 뼈를 부드럽게 만지며
낮은 목소리로 영탄의 노래를 부르는
여자는 자신의 주머니를 비우고 있었다

詩의 늑골에서
산수유 아린 피가 흘러 내려
환생의 꽃을 피웠다
봄날의 긴 안개 천을 물고 날아가는
뻐꾸기 울음에도
여자가 쓸쓸히 웃으며
통증을 시작했다
나도 뻐꾸기가 되고 싶어요
엄마 배속에 눕고 싶어요

나는 그녀의 통증에 힘껏 매달렸다
詩碑들이 에워 쌓다
나는 단호하게
무덤을 만들어 주며
맑은 뼈로 누운 여자에게
부러진 왼손을 내밀어
내 손을 절대 놓지 말라했다

-「아픈 너를 손잡고 간다」 전문

이 시적 장치는 시인에게는 전 인생론적이며 지금까지 걸어온 그의 자전적인 시의 늑골이 된다. "아픈 여자를 데리고 시비공원을 갔다"는 발화점에서 시작되어 "나는 단호하게/ 무덤을 만들어 주며/맑은 뼈로 누운 여자에게 /부러진 왼손을 내밀어/ 내 손을 절대 놓지 마라했다"는 타자성을 부여하는 강한 의를 드러내기에 이른다. 이는 그의 자전적 인생 역정으로서의 고난한 삶을 의미하는 알레고리(allegory)다. 이 알레고리를 이룬 것이 다름 아닌 詩였으며 詩碑같은 삶의 족적으로서 '맑은 뼈로 누운 여자'로서의 동일성 회귀에 이른다.

이 동일성 회귀로서의 타자인 사랑하는 여인을 다음 시에서는 '고양이'란 캐릭터로서 애인의 의식을 통해서 드러난다.

내 품 안에

빗소리를 들을 줄 아는 고양이를 키웠다
고양이는 노래를 부를 줄 안다
비오는 날의 올드 팝이 좋아요
고양이인 척해도 속은 미련 곰탱이 거든요

장마 통
책장 속에 잠긴 눈 스러지는
그런 날, 창가에 울던 새가
두서없이 날아 와
고양이 밥을 쪼아 먹는 날이면
내 맘이 아프다

밤으로 탈출하여 밤으로 부활하는
낯설은 타인을 안고 잠드는
네게 무슨 말을 가르쳐 줄까
야옹아 누가 예쁘냐.

-「몹시 그런 날, 고향」1, 2, 3연

위에 등장된 고양이는 애인의 의식을 통해서 표출된 '애인과 고향'의 절묘한 이미지로서의 등치물이다. 이는 베르그송의 시간과 물질의 개념에서 그 사랑이란 관념론을 이미지로 드러내 보여준다. 베르그송의 시간개념은 영속적이 아닌 단편적인 단위(unit)로서 기억된 장소일 뿐이다. 시간을 하나의 물질화로 드러내기다. 그래서 애인의 추억을 떠올릴 때는 시간의 정확한 단위가 아니라 장소(물질)로써 떠오른다. 애인 이미지인 선명한 코, 눈, 입술은 시간이 아니라 장소에 등치된 그 배경으로서 기억장치가 작동한다는 것이다.

땅의 울타리를 차 오른
흥건한 빗물에 잠을 깬 새벽
게으른 불면은 아직 깨어나지도 않는데
컥컥 늑골 풀어 빗길에
처박힌 그런 날
사랑하는 고양이에게 부탁했다
고양이여
뒤 골목 시궁창의 쥐구멍에 빠진
만신창이를 핥아 줄 것인가
그래, 그 빗물 정수기물 맛이군

고양이가 남긴 서곡은
늘 우울했으나
오랜 사육은 끝날 것이다
하루를 건지기 전
눈물이 막 돌기 시작할 무렵
고양이가 송도 앞바다를 데려 왔다
소금물로 눈물 선을 긋는
몹시 그런 날, 고향

오! 호텔 캘리포니아
-「몹시 그런 날, 고향」 4, 5, 6연

비가 오면 늑골(상처)이 쑤시는 밤, "야옹아 누가 예쁘냐" 고 애인을 부르던 화자의 목소리는 4 연의 늑골에선 이처럼 아프게 들린다. 그 통증은 "몹시 그런 날, 고향"에서처럼, 5 연에서 만신창이의 비극적 텐션을 거쳐 마침내 6연의 유년의 회감의 정서로서 소금물로 눈물 선을 긋는 송도 앞바다를 호명하게 된다.

"야옹아 누가 예쁘냐"라는 호명 속에는 곧 애의 의식을 통한 고향바다가 동일성 회귀로 드러남을 알 수 있다. 작가의 고향이 유년시절인 인천 송도여서 소금배가 지나다니는 앞바다는 우월한 見者(voyant)능력으로 나타난다. 그러므로 그의 시 쓰기 비결은 주어진 풍경 그 자체가 아니라 상처를 통한 풍경의 창조자가 곧 시인이란 기법을 고차원적인 지적 능력으로 하나의 건축가란 점을 見者로서 보여준다고 하겠다.

2.

꽃의 이야기를 쓰기 시작했다
홀로 태어난 여자 얼굴에
꽃말을 꾹 눌러 새겨 넣었다

네가 꽃의 얼굴로

우는 줄 몰랐으나
언어의 신음 같은 여자의 어린 날
석류가 쩍쩍 터지는 공허한 시간들은 이랬다
오늘은 흐리고, 해 저문 저녁
사립문 앞에 앉아 흐느꼈음,

담장 위에 암흑한 고양이가 부르는
자장가는 별빛을 타고 굴렀다
어둠을 잔뜩 끌어 앉은 덤불속은
외로운 등껍질을 벗어 버리고
기어 다니는 밤 거북이들로 가득했지

추억에서 주춤주춤
어린 기억 자꾸 몰려와
꽃 수술 가운데
쪼그려 앉아 눈물
범벅이었을 조그만 얼굴은
네가 태어나기 전에 보고 왔다.

먼 훗날
우리들 시화전에서
익은 시가 되어
내 몸에 뛰어 들어와
전신을 뒤척거리며 자리 잡아
영혼의 피가 되어 돌 때
비탈이 없는 울타리가 되어 줄께

아프면, 아무나 너를
훔쳐 갈까 봐
-「시인 일기 1」 전문

꽃의 이미지로 변주된 애인은 존재론적 모습을 그대로 드러내고 있다. "오늘은 흐리고 해 저문 저녁/ 사립문 앞에 앉아 흐느꼈음"은 시인에게 등치된 애인은 獨子여서 시골집 부모들이 밤늦은 농사일로 어두운 마당과 사립문 앞에 쪼그려 앉아 하루 내 울었다는 속내를 토대로 한다면 시인의 유년의 일기와 적중한다. "아프면, 아무나 너를 흠 쳐 갈까 봐"라는 자못 연민스러운 달관자로서의 따뜻한 인간상을 만나게 된다. 이 달관자로서의 시인의 아포리아는 "산다는 건 / 울음의 처음과 마지막인 것"이라는 게 체험으로 연결되고 있다. 이 울음은 유년의 공간과 시간 속에만 남아 내재한 삶의 편린일 뿐 아니라 죽을 때까지도 남아 있는 화두로서의 존재감이다. 그래서 시인은 다음 詩「입안의 변명」에서 "바다의 신은 본래 시인이여서"라는 오르페우스적인 슬픈 운명을 낳는다.

조개가 묻혀 있는 일곱 섬에
서글픈 미간의 말들이 묻혀 있다
소금별에서 쏟아져 내린
다음 생의 살아 있는 미련들

예쁜 여자가 그물을 던져
語幹을 건지면
語頭를 바쳐 술 한 잔 올렸다
바다의 신은 본래 시인이여서

눈길 먼 수평선에 다 가도록
나의 배는 수평하지 못해
소심한 안개꽃에 숨어 뒤 걸음 쳤더니
단명한다던 십 년은 오십 년이 되고
백 년이 되고도 남은 변명이
아직 입안에서 자라고 있었다.

-「입안의 변명」3, 4, 5연

이 슬픈 운명의 화두는 곧 입안에서 자라고 있는 말, 혹은 '존재의 집'으로서 말의 가치와 詩에 대한 믿음을 천착하는 신념이기도 하다. '언어는 곧 사물이 깃들어 있는 존재의 집'이라는 하이데거의 명제가 되는 아포리아이기도 하다. 이 시집의 전편의 주제를 관통하고 있는 타자성으로의 애인이나 시인이 추구하는 사랑의 존재조차도 언어(변명) 앞에서는 무력화되기 때문이다. 알다시피 슬픈 운명 속에서 태어난 시인, 즉 오르페우스는 애인을 구하려고 저승의 문 앞에서 아름다운 노래를 칠현금으로 탄주한다. 저승의 문을 지키는 케르베로스 개는 이 노래에 감동해서 짖는 것을 잊어버리는 데서 애인을 데리고 나오지만 결국 강을 건너오다 애인은 실종된다. 시인은 이 사실을 “조개가 묻혀 있는 일곱 섬에/ 서글픈 미간의 말들(詩)이 묻혀 있다.”고 애인을 회상한다. “예쁜 여자가 그물을 던져 /語幹을 건지면/ 語頭를 바쳐 술 한 잔 올렸다.”라고 제의를 헌사 한다. 왜냐하면 “바다의 신은 본래 시인이여서”라는 존재론적 운명이 가능해지기 때문이다.

3.

시인에게 있어서 상처투성인 ‘늑골’의 메타포는 애인에게 투사되어 대나무 고장인 담양으로 이사를 오게 된다. 여기에서 부터는 유년의 공간과 시간이 도시에서의 관념 이미지로 실제가 된다. 억센 사투리(향토성)의 말끝마다 ‘죽인다’는 실향의 언어들 그리고 잃어버린 바다를 그리워하며 리얼리티를 추구하므로 결핍의식을 깨닫게 된다.

앞에서 살펴본 「입안의 변명」의 결구는 “단명 한 다 던 십년은 오십년이 되고 백년이 되고도 남은 변명이/ 아직 입안에서 자라고 있다”고 결론 짓는다. 그는 오르페우스와 같은 애인을 등치물로 설정하고 아직도 이렇게 ‘시인의 일기’를 써 나가고 있다.

“오늘은 흐리고 해 저문 저녁/ 사립문 앞에 앉아 흐느꼈음”

오지 않는 애인을 등치물로 이렇듯 설정한 자기 연민 또는 나르시즘이야 말로 그 처절함이 극에 달하고 있다. 이는 곧 퍼스나가 부르는 사랑하는 여인의 진혼곡 같은 '타자를 통한 통증발현' 이라고 할 수 있다.

다음 詩는 꽃과 꽃병의 관념적 등치물 로서의 시인이 설정한 사랑하는 이가 좋아하는 '제비꽃' '할미꽃' '코스모스' '나팔꽃'등 많은 꽃들이 화병 속에서 동침하는 장면들이다.

생각이 참 많은 꽃들
지난밤 이 꽃, 저 꽃끼리
무슨 말 주고받았는지 모르지만
얼굴에 그려 있는 불륜의 상상은
멋쩍어 묻지 않기로 했다

한낮이 물들 때
저들 몰래
두리번거리며
지난밤 지상에 내린
불안한 별빛과
낮 그물에서 빠져 나온 달
꽃병에 들어갔으나
저희끼리 모르게 손을 뻗은 일

꽃병 속 곳곳
비탈에서 일부러 자주 미끄러지는

꽃들의 부끄러운 생각에
낯은 뜨거워지고 꽃의 마음에 떠밀렸지만
애인에게 안기는 시간은 너무나 짧았다

덩그러니
푸른 벽속에서 걸어 나오는
靑羅머리 풀어헤치고 지친 여자는
꽃병을 보듬고 잠들었다
푸른 여치가 한 발짝 가까이 있는
서로 서로 좋아하는 그네들 창 너머 아래
가여운 눈, 가여워
꽃들의 숨결에 지장을 주었을 듯하였으나
차마 만지지도 못할 꽃병의 한 몸을
참 많은 생각에 까닭 없이
꽃병은 거룩했다

-「꽃병, 꽃들 참 많은 생각에」 전문

색색의 얼굴도 화병 속에 되어 있는 꽃들의 변주야말로 행복한 시간일 게다. 화자는 "애인에게 안기는 시간은 너무나 짧았다"고 생의 아포리아를 한 줄로 요약한다. 꽃들의 「바리에숑」 이야말로 참 생각이 많은 시간 공간을 지나왔을 법하다.

시집 『달의 새끼여서 눈이 시리다』는 직접적인 언어로서 '낙타' '눈물' '빗방울' '우울' '꽃들' '바람' '홀로태생' '상처'들은 달 즉, 화자와 연인과의 새끼여서 직정적인 사랑을 노래하므로 구체화된 실재적인 사랑이기 보다는 물질과 기억을 잠재하여 베르그송의 시간과 공간을 일치시켜 관념론적인 사랑으로 시인 자신에 대한 연민이었다는 사실을 밝히며 제4시집의 발문에 가름하고자 한다. 고래희를 보는 시인이면서도 시의 tension과 언어가 객관적인 상징을 통하여 이처럼 젊어 있음은 우리 모두의 부러움을 사고도 남을 줄 안다. 장족의 발전에 축복을 드린다.

이덕수 시집

달의 새끼여서 눈이 시리다

2014년 10월 20일 인쇄
2014년 10월 30일 발행

지은이 | 이 덕 수
펴낸이 | 강 경 호
인쇄 · 기획 | 도서출판 시와사람
등록 | 1994년 6월 10일 제 05-01-0155호
주소 | 광주시 동구 백서로 125번길 32-5(금동)
전화 | (062)224-5319, 227-5319
팩스 | (062)225-5319
E-mail | jcapoet@hanmail.net

ISBN978-89-5665-409-6 03810

값 10,000원

· 이 책은 제작비 일부를 전라남도문화재단의 지원을 받아 제작하였습니다.

공급처 ■ 한국출판협동조합
경기도 파주시 탄현면 오금리 202번지
주문전화 (02)716-5616, 070-7119-1740